모란을 기다리며

모란을 기다리며

조성돈 시집

도서출판 천우

● 시인의 말

시도 때도 없이 나의 창에 노크하는
시마에게 버선발로 반기곤 했다
늘 나에게 힘을 실어 주고
삶을 지탱해 주는 동력이 되었다

남은 생 총기가 허락된다면
설레는 미지의 시세계 넘나들며
태어나지 않은 그들의 근사한 집
짓기 위해 정진하는 걸음으로 가리

2024년 늦가을
조성돈

모란을 기다리며

● 시인의 말

모란을 기다리며 · 13
달 · 14
오십천 · 15
오십천 2 · 16
죽서루 2 · 17
오사리 · 18
곶자왈 숲 · 19
오죽헌 어머니 · 20
장미공원 연가 · 21
백일홍 꽃길 · 22
난(蘭) · 23
솔숲 · 24
솔숲 2 · 25
이담이 · 26
어머니의 은비녀 · 27
생일날에 · 28

2
벚꽃

모란이 피어 · 31
대국(大菊) · 32
영춘화 · 33
봄꽃 · 34
들꽃 · 35
낮달 맞이 · 36
꽃밭에서 · 37
치자 꽃 · 38
들국화 2 · 39
벚꽃 · 40
자스민 · 41
설을 보내고 · 42
육십 대 · 43
살다 보면 · 44
기억을 깨워라 · 45
부부 · 46

3
소리길

소리길 · 49

작별 · 50

이팝나무 꽃 피면 · 51

들고양이 엄마 · 52

꿈 · 53

그리운 아우 · 54

초록 세상 · 56

흔들리는 땅 · 57

긴 겨울, 봄을 기다리며 · 58

봄은 올 것인가 · 59

대숲이 불가에 들다 · 60

삼장사에서 · 61

태백산에 오르다 · 62

참깨, 결실을 보다 · 63

마당 넓은 집 · 64

겨울나무 · 65

빛의 축제 · 66

4
부부 어부

만리포에서 · 69
부부 어부 · 70
갈치 · 72
바다 · 73
바다 2 · 74
바람 불면 바다는 말이 많다 · 76
겨울 바다의 끄트머리 · 78
비 내리는 조각 공원 · 79
봄 바다 · 80
삼척해변 · 81
그 많던 오징어는 어디로 갔나 · 82
겨울 강가에서 · 84
독도 2 · 85
모과차 · 86
바람과 풍차 이야기 · 87
밥솥 · 88

5
늦가을

가을 2 • 91
밭작물 이야기 • 92
매실나무 • 93
무화과나무 • 94
코로나 고개 • 95
86 병동 • 96
닭을 생각하며 • 97
동치미 • 98
가을빛 • 99
가을 편지 • 100
간절기 • 101
새벽녘에 • 102
늦가을 • 103
트로트 • 104
세월에게 • 105
시 2 • 106

● **해설** 삶의 편린 그리고 관조의 시간 / 유지연 • 107

.

1

모란을 기다리며

모란을 기다리며

계절이 바뀌면 벌떡 일어서는 들뜬 마음
고운 자태 속절없이 그리다 온 밤 지샌다오

숱하게 기다린 날들 내내 서성이는 그리움
노란 저고리 자주 치마 입고 선하게 웃을
그대와 나의 봄이 길잖아도 탓하지 않으려오
짧은 만남 뒤 찾아온 이별 앞에 원망 않고
기쁜 만큼 슬퍼져도 눈물 보이지 않으려오
햇살 좋은 날 찾아올 이 생각에 벌써 설레는
작년
쏟아 놓은 붉은 빛깔은 잊지 마라 새긴 정표인가
꽃 입술 핏빛으로 멍든 사연 소중히 간직하고
반드시 돌아올 인연 간절히 손꼽아 기다린다오

더딘 발걸음 안타까워 안달하는 심정
임 그리듯 애타게 봄밤 뒤척인다오

달

은하강에 배 띄워 놓고
닻 올리는 두보의 친구야 반갑구나

부끄럼 많아 어둔 밤에 뱃놀이 나왔더냐
슬픈 사랑앓이 어루만지며 새도록 달래 주는
외로운 이들 넋두리 들어주는 만인의 벗이로다

어여쁘게 빚은 송편 까만 천장에 걸어 놓으면
곱게 수놓은 별 이야기 우수수 쏟아지는
그믐날 밤새 각시 실눈 뜨고 살며시 웃는다

홀쭉하게 살 빼더니 그새 통통하게 살 올랐더냐
마실 나온 작은 별들이 몰래몰래 베어 먹었나
조각하듯 덜어내고 시치미 떼는 보석 별들아

수줍음 많아 별별 손잡고 나들이 나왔더냐
절절하게 펴는 하소연도 흔쾌히 받아 주고
그리움에 잠 못 드는 이 위로하며 지샌다

유유히 흘러가는 은하강
새벽녘 닻 내리는 이백의 친구여

오십천

유년 시절 잊지 못하는
연어들의 놀이터

그들도 고향 찾아 다시 돌아오건만
한 번 흘러가면 그만인 저 물길이여
좋은 싫은 세상 이야기 등에 업고 유유히
죽서루 옆에 끼고 한가로이
바람 붓으로 결 무늬 그리는
다시 돌아올 수 없음에 퍽도 그리워지겠네
맞잡은 손 길고 긴 끈 굽이굽이 오십 굽이
수많은 인연과 인연 맞이하고 보내는
반가움에 섭섭함에 놓을 수 없는 손과 손
점점 탁해져 가는 세상 정화하고 맑게 비추면
하늘 구름도 푸른 산 이웃하고 놀러 나오겠네
또다시 찾아오는 새로운 만남과 이별 품고
끝없는 생의 여정 거스름 없이 흘러가겠네
어미 품 같은 그대 곁 지키며
사는 사람들의 인생도 그러하네

그리움 깊이 잠겨 있는
연어들의 고향

오십천 2

어린 시절
바다로 간 연어 안부 궁금증 도진 어머니 강
오염수 섞인 곳 불안해져 강어귀는 심란하다

애향 시민의 한 노래하고 생명 살려온 샘물
아무리 폭우가 심술부려도 감당하고
이제 태풍의 상처는 잊었노라 속살거린다

선지식의 혼 서린 죽서루 끼고 가는 물길
장미촌 웃음꽃 스치면 꽃보라 피우는 강바람
청명하게 맑은 날 물화지에 풍경 그릴 때면
정겹던 출렁다리도 그려 넣고 싶은가 보다

요즘
바다로 간 연어 생각하랴 물 깊은 한숨 소리
오염수 헤치고 모태 품으로 돌아올 수 있을까
밤마다 타는 가슴 잠 못 들어 속앓이한다

죽서루 2

긴 세월 무색하게 고고한 맵시
살짝 든 처마 끝의 곡선미 탄식하는 댓잎 소리
문학의 향기 품어 문객의 발길 끌어들이고
누각 언저리 감아 도는 짙푸른 저 강물은
떼 낼 수 없이 맞잡은 질긴 인연인 것을
늘 함께여서 마주치는 시선마저 익숙하다

한 곳으로 향한 고개 한결같은 회화나무
누각 주변 서성이며 보낸 세월 얼마인가
등 굽은 몸이지만 절개 지키는 여인 같아라
생 다할 때까지 서서 임 바라기로 산다

오죽 오솔길 따라 송강의 숨결 접견할 제
가사 별곡에 녹아 있는 팔경이 보일 듯 말 듯
회화 나뭇잎 사이 들락날락 나비는 그의 혼인가

긴 세월이 빚어낸 고풍스러운 멋 풍기는
팔경 중 제일루답게 듬직하고 위풍당당하여라
각기 다른 기둥 지탱하고 중심 놓지 않는 뚝심
흐트러지지 않는 기상 선비의 기개가 엿보인다

오사리

남향 바라보고 있는 양지쪽 작은 마을
마음속에 남아 있는 고향 닮은 곳

온갖 철새들이 찾아드는 따뜻한 품
시절 따라 들려오는 각기 다른 새소리
강산에 안겨 있어 넘는 정 퍼주는 사람들
강마을 다정히 손잡고 곡선 긋는 오십천
종일토록 조근 조근 속살거린다

비 온 뒤
산허리 비스듬히 걸린 무지개 뜨면
봄소식 일러주며 미소 짓는 붓꽃 길
보라 붓은 난 치고픈 강직한 선비들이다

텃밭 나무새며 땀내 나는 잡곡들 펴 놓던
노점상인 정이 할매 가신 지 몇몇 해인가
도라지꽃 좋아하던 그 할매 그리워져
동네 어귀는 온통 보랏빛으로 물든다

햇빛 길게 바라보는 정겹고 훈훈한 마을
꿈속에서 만났던 그리워하던 풍경

곶자왈 숲

생명의 숨 살고 있는 늪지대
정글 숲 타잔의 놀이터인가

서늘한 입김 속으로 들면
화산이 낳은 돌송이 쉼 박동
정화하는 화산 돌의 호흡으로
새롭게 태어난 신선한 생명수
목축이며 반기는 이끼 바위 꽃
정겨운 오솔길 따라 깊숙이 걷는다

직진으로 달리는 문명 앞에
섭리 고집하는 송이 닮은 검은 돌
상큼하게 내뿜는 청정한 기운
쾌적하게 자유 만끽하는 다래 덩굴
거목에 비늘 씌워 덩치 키운 콩짜개
멈춘 시간의 풍경이 살아 움직인다

촘촘하게 생명들이 꾸민 숲의 향연
영영 살아남을 환상의 별세계로다

오죽헌 어머니

역사의 페이지 한 획 그은 거목 낳고
삶의 여정 승화하여 예술 꽃피운 별

문향 풍겨오는 배롱나무 옆에서
귀에 익은 시 가만히 읊조리면
생생하게 그려지는 삶의 수채화
뒤뜰
임 그리며 오죽 오솔길 오르면
바람 맞고 소스라치는 댓잎 사이
긴 이력의 등 비늘 내미는 미인 송
솔향 교감하며 내려오는 언덕바지
저 아래
교훈 깃든 구사정이 기다린다
뜰 안 거니는 시간들 소중하고 귀한
그 숨결 빈 가슴 살찌우는 양식
사는 동안 그리워지면 걸음하리다

혼 서린 갈피마다 임의 향 느껴지는
어둠 밝히는 빛으로 계신 어머니

장미공원 연가

종일 북적거리는 작은 찻집 아래
분위기 들떠 있는 화사한 정원
아가씨들 쏟아내는 웃음꽃 따라
해전 지칠 줄 모르는 걸음걸음
서서히 여름 뜰 팡 불 지피는 유월
작열하는 태양 뜨겁게 달구면
간간히 식혀 주는 오십천 바람
어둠이 내리면 펼쳐지는 고운 빛
아치형 오색 불빛 미소 짓는 연인들
꽃 터널 꽃 갈피 어여쁘게 피어
주저리주저리 열리는 추억들
수레바퀴 돌 듯 바뀌는 계절
우리 모두 떠나고 찾지 않지만
온통 유월을 적시던 꽃보라가
몹시도 그리워지면 다시 찾아와요
외로움 쌓여 가는 찻집 창 너머
차가운 나뭇가지 가지마다
잔잔한 웃음들 스며 있어요
애틋한 추억들 남아 있어요

백일홍 꽃길

복더위 헤집고 석 달 열흘 펴는 사랑의 거리
꽃분홍 흐드러지게 물들인 등봉리의 찬가

발밑 깔아 놓은 꽃 융단 천국이 바로 여기
찾을 때마다 상큼한 미소 담아 기쁘게 반기면
무겁게 가라앉은 기분도 깃털처럼 가벼워지고
지친 심신 충전되어 활기찬 일상으로 돌아간다
볼거리 귀한 시절 웃음 선물 호사스러운 축제
이웃하는 산줄기도 짙푸르게 축하 문자 보내고
새들도 비상하다 말고 재재거리며 즐긴다
길쭉하게 누운 곡선 따라 아름다운 꽃길
농장 향해 한참 미끄러지면 즐거운 나들이
상승궤도 달려가는 행복지수 더위도 달아난다

점점 줄어드는 꽃술이지만 여전히 고운 미녀들
여름 가고 가을 와도 멈추지 않는 등봉리의 연가

난(蘭)

난
은은한 향으로 그대에게 스미고 싶다오
춥지도 덥지도 않은 곳에 익숙해져
조금만 어긋나도 적응 못 하고 탈이 난다
꺾이지 않는 내면에서 뿜는 멋스러운 기풍
바람결에 나부끼는 고운 머리카락이다

난
진흙밭보다 거친 마사밭이 더 좋다오
보름거리 흠뻑 목 축이면 그것으로 족하다
강력하게 그은 수려한 곡선은 타고난 기질
은은하게 묻어나는 품격 반듯하고 고고한
전설 속 변치 않는 뿌리 깊은 조선 선비다

솔숲

짙은 솔향 가득한 아름드리 숲
아늑한 품으로 깃들어 보면
번민의 갈등 모두 사라진다

차오르는 숨 제일 돌탑 봉
한숨 돌려 시름 달래 보는 쉼터
잠자리 떼 비행하는 머리 위로
소란하게 날아가는 잠자리비행기
꽁무니 따라가던 유년 시절
그대로 옮겨온 그 시절 풍경이다

길과 길이 만나는 지점 서 있는 돌탑
사람들 내면 깊이 갇혀 있던 소원들이
세상 밖으로 나와 얼기설기 손잡은
간절함이 스며 있는 소망의 집이다

노가지 숲길 노다지 붐비는 사람들
누구나 받아들이는 싱그러운 품
한 번 가 보면 다시 찾고픈 곳이다

솔숲 2

맑은 영혼 깊은 숨 살고 있는 곳
내뿜는 숨 들숨으로 받아들이고
받은 만큼 날숨으로 돌려준다

푸른 솔 곁 지키는 물푸레나무
전생 금슬 좋은 부부 인연이었나
뗄 수 없는 질긴 끈으로 사노라니
풋풋한 자손들이 많이도 태어났지
요즘 소문에 아기 울음 줄었다고
걱정거리 잠 못 드는 솔바람이 운다

십수 년 사는 동안 찾아 주는 사람들
그들 향해 내민 고개 궁금증 커 가고
비스듬히 기울여 누운 노송의 옆태
언제부터인가 새겨 놓은 그리움이다

쾌적한 숨 살고 있는 산소충전소
늘 푸른 숨으로 젊은 기운 뿜어내는
낯선 이와도 인사 나누는 소통의 장
배려 속에 핀 고운 미소 주고받는다

이담이

이담 이담 이담이
귀여운 네 살배기 외손녀가
엄마 따라 화장하는 시늉 한다

사랑스럽고 곰살맞은 아이
눈 뜨면 조잘조잘 쉴 새 없는 입
예쁜 여자 보면 예뻐지고 싶어
앙증맞게 톡톡 아기 분첩 두드린다

네 살 위 제 오빠가 하는 말마다
놓칠세라 빠짐없이 잘도 따라 하는
샘이 많아 다물 새 없는 앵두 빛 입술
또박또박 말 잘하는 어른 아이

이담 이담 이담에 밤톨처럼 자라
언변으로 획을 긋는 별이 되거라

어머니의 은비녀

굳게 닫힌 서랍 깊이
잠들어 있는 엄마의 보물
시집오던 날 은빛 반짝이는
고운 보석은 십수 년 후
세상 밖으로 나왔지만
청회색 빛으로 늙었다
전성시대엔 무척이나
사랑받은 귀한 몸
주인 여의고 외로운
서러웠을 세월이 아리다
쪽머리 곱게 잡아 주던
당신의 소중한 애인
암흑 속에 가둬 버린
무심한 딸 죄인이구려
외면한 긴 시간들
원망 섞인 눈빛 화살촉이다
당신 살아생전 떠올리면
젖어 드는 촉촉한 눈시울
점점 또렷해지는 그리운 얼굴
굳게 닫힌 서랍도
가끔은 열어볼 일이다

생일날에

오늘이 오면 떠오르는 당신의 얼굴
생각만으로도 울컥 목메 온다
가만히 불러 보는 그 이름
어머니

피해 갈 수 없는 오뉴월
살을 에일 듯한 모진 산고 끝에
파란만장한 세상으로 나온
오늘따라 구수한 정 담뿍 담아
끓여 주시던 당신의 미역국이 생각나
그리움으로 밥 말아 먹습니다

축하받는 기쁨 속에 겹쳐 그려지는
오늘이 오면 꿈에라도 보고픈 당신
불러 보는 것만으로도 눈시울 젖어 드는
가시고 아니 계신 나의 어머니
언제까지나 사랑합니다

2

벚꽃

모란이 피어

시집온 지 삼 년 만에 피어난
고결하고도 빼어난 미색이구나
귀티 풍기는 매력에 반한 마음
봄 화원의 여왕이라 불러도
말 못 할 손색없는 별명이다
위풍당당하게 앉아 있는 매무새
어디에 가도 귀빈 대접이다
옛 시인의 시 속에서
옛 화가의 화폭에서
사람들 시선 끌어 빛 발한다
꽃 자줏빛 함박웃음은
사촌 자매 함박이 닮음인가
소담한 유혹에 사로잡혀
길게 곁에 두고 싶지만
보내는 시린 가슴 그리움이다

대국(大菊)

지난겨울 거뜬히 물리치고
파릇하게 올라와 봄 뜨락 물들였지
신통하고 대견스러워 지지대 세워 주니
비바람 가리지 않고 잘도 자란다

따가운 햇살 성성한 시절
모란 작약도 다투어 키 재기 하면
행여 질세라 훌쩍 키다리 되었다만
개미 진딧물에 시달리는 고난이다

따뜻한 기운 꺾이고 찬 바람 부니
물 만난 듯 왕성한 기세 분주해져
주먹 크기 송이송이 밀어 올리는 꽃 대궁
가누기도 겨운 몸 무거울 텐데
큰 만큼 기쁨인지 복스럽게 웃는다

겨울 가까이 이르렀어도
미련이 남아 있는지 떠나지 못하고
고운 자태 잃지 않는 생생한 미소
설레는 이 마음 어쩌라고 자꾸 흔드나

영춘화

까칠한 바람에 멱 감으며
화사한 웃음 피우는 춘화야

발 빠르게 첫발 내디딘 그대는
누가 보낸 반가운 기별인가
샛노란 미소는 질투심 불러와
가지마다 눈 뜬 수많은 눈초리들
일제히 시작된 움직임이 부산하다
이불깃 여미는 진눈깨비 오는 밤
한데서 떨고 있는 여린 그대는
시린 가슴 다치지 않고 괜찮은가
미세먼지 극성에도 꿋꿋한가
긴 침묵 살며시 깨고 희망 실어와
봄의 창 환히 밝히는 당신은
누가 보낸 기쁜 소식인가

계절 잊지 않고 어김없이 찾아와
무채색 뜨락 곱게 물들인 봄 아가씨

봄꽃

간절하게 기다린 소망
쏘옥 고개 밀어 올린 봄
겨우내 세상 밖이 궁금했는지
가누기도 겨운 몸
일으켜 세우고 기지개 켜는
아직 썰렁하고 삭막한
허전한 뜨락이다

갖가지 색깔들의 눈웃음
싱그러운 향내 주고받고
바람 불면 부대끼다
함께 기대며 안아 주는
함초롬 얼굴 붉히다가도 파르르
비에 젖으면 서로 비빈다

야무지고 곱게 피어나
다물지 못하는 입
세상 다 살고도 남을 만한 웃음
생애 최고의 계절 만끽한다

들꽃

돌아봐 주는 이 하나 없는
삭막하고 메마른 비탈이지만
소중하게 뿌리내리고 잔뼈 굵은
무엇과도 바꿀 수 없는 보금자리다

가끔
못 이기는 비바람에 부딪혀
남모르게 속울음 울기도 하지만
외로움에 지친 마음 스스로 달래는
해맑은 미소 오래오래 간직하리다

추위와 시름하다 시려 오는 몸
발갛게 태우는 단풍 열기에 데워
얼어붙었던 마음 스르르 녹인다

결코
주어진 환경 탓하지 않는 영혼
비록 가냘프고 연약해 보이지만
내면에 깃든 젖 먹던 힘 모두 쏟으며
후회 없는 삶 치열하게 살으련다

낮달 맞이

샛노란 웃음 쏟아 내는 꽃 달맞이
수줍은 벗 하나 간절하게 기다리는
보기 어렵다는 귀한 얼굴 하나
더러는 우연히 만나기도 한다

중천 비스듬히 걸려 있는 은쟁반인가
잘 익은 수박 곱게 저며 한가득
시원하고 소복하게 담아냈으면 좋겠다

고운 얼굴 담겨 있던 동그란 손거울인가
달덩이 닮은 울 언니 탐스럽게 비추던
가슴 울컥하게 시린 그리움이다

황혼 녘 단풍 들어 어여쁜 맵시 어디 가고
윤기 돌던 얼굴마저 퇴색되어 낡아가니
너도 따라 하얗게 빛바랬나 보다

샛노랗게 질투하며 웃음 쏟아 내면
꽃 달맞이 머리 위로 쏘옥 나와
겸연쩍게 살며시 내려다보는 얼굴
꽃 향 만끽하며 서로 마중한다

꽃밭에서

시련 겪고서야 비로소 피는 꽃

서러운 일 있을 때 품에 안기면
금시 가라앉고 묻혀 버린다
슬프거나 서러울 때 그 곁에 있으면
웃음으로 지우고 치유된다
후한 인심에 그저 바라만 봐도
기분 좋아지고 위안이 된다
우울 따윈 발붙일 새 없이
거짓말처럼 간 곳 없이 사라진다

모진 역경 뒤에 찾아온 밝은 미소

치자 꽃

인천에서 시집온 지 사 년 만에
떠나온 친정 그리워하며 핀 순결한 꽃

텅 빈 어느 여름날
달콤하게 피운 하얀 미소
짙은 향 내음에 묻어오는 그리움
순백의 순수한 웃음 똑 닮은 사람
가슴 미어지게 생각나는 울 언니
가장 아닌 가장으로 지난 세월은
가슴 시리게 저려 오는 희생의 삶이다

꽃망울 터지면 애절하게 떠오르는
하얀 웃음 속에 비치는 당신의 얼굴
그 곁 떠나지 못하고 길게 서성인다

하얗게 친정 잊지 말자고 다짐했나
세월 가도 기억하고픈 간절한 마음에
계절 거르지 않고 해마다 찾아오리

들국화 2

산비탈 세찬 바람이 할퀴며
거칠고 매몰차게 굴어도
향연 벌이는 연보랏빛 작은 미소
이슬 머금은 눈망울 청초하다

척박한 땅이지만 나고 자란
나의 정든 고향인 것을
내 어찌 잊을 수 있으리오
오가는 얼굴들 마주칠 때마다
사람들의 미소도 덩달아 환하다

늦가을 아무도 없는 빈터
비바람에 허리 휘어져도
미소 속엔 은근슬쩍 다시
돌아온단 말 비춰 보이는
보내는 서러운 이별이지만
기약 남기고 떠나는구려

벚꽃

침묵하던 코끼리산 꿈틀거리더니
한 방에 터트린 티밥 웃음 하얗다
오가는 사람들의 얼굴에도 피고
저녁이면 대낮처럼 환하게 밝히는
누가 저리 수많은 등불 켜 놓았을까
기뻤던 만큼 서러워할 4월의 꽃들아

꽃보라 휘날리며 풍장하는지
길 따라 떨어지는 수많은 주검들
기쁘게 왔던 그 길가 슬픈 잔해로
헤아릴 수 없이 길게 누워 있지만
한 번 더 뒤돌아볼 여가 없이
몰라라 바삐도 달아나는 사월이여

자스민

난 꽁꽁 언 혹한 겨우내
한 데만 아니면 참고 견딜 수 있다
허리춤 시린 현관 구석 자리도 괜찮아
등 따신 온실까지 욕심내지 않으련다
가끔
한 바가지 물이면 그것으로 족하다
춥고 힘겨워도 서럽지 않은 것은
소중한 나의 삶 비켜갈 수 없음이다

새봄 돌아와
정원 뜨락에서 진하게 웃으면
외로운 낮 달도 벗 되어 빙그레
난 사랑내 짙게 품은 자스민이다
코끝 살짝 흔드는 보랏빛 향으로
가슴 설레는 인연 그대에게 가리다

설을 보내고

오미크론 확산으로
귀향길도 쉽지 않은 시절

오랜만에 가져본 온 가족의 웃음소리
시끌벅적 화기애애한 시간 다녀간 뒷자락
집안 곳곳 빈자리마다 그리움 묻어난다

정겹게 숟가락 젓가락 소리와 나눈 미소
미닫이 소리만 들어도 젖어 드는 눈물샘
자식들 머물던 방 앞에서 가슴 울컥한다

명절마다 겪는 일이지만 미어지는 마음
가누지 못하고 떠나보낸 끄트머리 매다는
혈연으로 맺어진 가족 그 인연의 끈
세월 가도 변치 않는 단단한 밧줄이다

가족 간 만남이 더 의미 깊고
귀하고 소중한 지금은 코로나 시대

육십 대

잠시 쉬어 가도 좋을
익을 만치 익은 나이련만
살아가는 하루하루가
뒤돌아볼 여가 없이
순식간에 사라진다
멋대로 포개진 그릇들이
손길 기다리다 이는 반란
자그락거리는 수다만큼
푸른 시절 못다 한 이야기
못 이룬 꿈 아직 놓지 말라고
다문 입 가득 고인 말말들
송두리째 뱉어 내는 입술
풋풋한 미소 머금은 뒷자락에
붙들어 앉히고 싶은 육십 대는
쏜살 날아가듯 날아간다

살다 보면

어느 날 홀연히 무슨 일 찾아와도
괴로움에 닦달하며 힘겨워 마라
지나고 보면 별일 아닌 것을
누구나 겪는 삶이려니 생각하자

살갑고 다정다감한 사람도
한결같이 그러지 못하는 현실
변화무쌍한 일기예보 아니던가
모나지 말고 그러려니 둥글하자

얼기설기 맺은 인연도
마음에 드는 이 얼마나 될까
나인들 다른 이 마음에 들까
사람의 길이려니 편하게 여기자

주고받은 상처의 아픔만큼
성숙해지는 숨 고르기 아닌가
마음가짐 처음으로 돌아가면
아무 일 없는 듯 스르르 풀리나니

기억을 깨워라

마음바다 헤엄치는 총명한 기억들
틈새 비집고 끼어든 누군가가
아무도 모르게 살며시 스며들어
좀 쓸 듯 소리 없이 갉아 먹는다

마음바다 유영하는 희미한 기억들
점점 무디어져 사라지기 전에
서둘러 일으켜 세우자
조금씩 지우는 세월지우개도
발붙이기 전에 아주 멀리 보내자
어지럽게 떠다니는 조각난 기억들
퍼즐 맞추듯 처음으로 조립하는
당신을 잡아 주는 미더운 친구
당신을 품어 주는 마음새 친구
사는 동안 곁에 붙잡아 두고
총기 있는 똑똑한 해마로
부지런히 키웠으면 좋겠네

부부

꽃 웃음 피는 맑은 날이면 곱다가도
티격태격 궂은 일 생기면 미워진다
보이면 성가시고 안 보이면 그리워지고
곁에 있으면 관심 두지 않고 무심하다
다른 개성이 얽히고설킨 숙명적 인연
빈자리 허전하면 궁금증에 마음 앓는다
베어내려 해도 베어지지 않는 끈
쌓인 미운 정 고운 정으로 소멸하고
부족한 부분 채우며 손잡고 가는 사이

3

소리길

소리길

나무와 나무가 이마 맞댄 숲길은
고단한 속세의 일상 잠시 잊고
아름드리 신록에 쉬어가라네
낮달도 내려오는 시원한 계곡은
그리움 깃든 촉촉한 이야기
두런두런 구수하게 나누자네
낭랑한 목소리로 숲속 깨우는
삐우삐우 해맑은 작은 산새는
복잡하고 괴로운 업 떨궈 내고
초록 청량한 노래 부르자네
목덜미 살짝 감아 돌아 휭하니
스쳐 가는 한 줄기 바람 소리는
삶에 지친 심신 숲에 맡기고
신선한 산림욕 흠씬 마셔 보라네

작별
— 김정신 님을 추모하며

이팝 꽃 흐드러지게 만개한 새하얀 봄날
꽃비 내리는 길 따라 먼 길 떠나는 임아

닷새 전
전화 속 저 너머 달달한 웃음 나눈 순간들
아직도 생생하게 살아 귓가에 맴도는데
작별의 말도 없이 이승의 끝이었나요

불가에 입문하며 맺은 소중한 인연
따뜻하고 살갑게 살며시 다가오신 분
혈육같이 진한 정으로 챙겨 주던 생의 은인
의지할 데 없을 때 버팀목으로 큰 산이었소

함께한 시간들 태산인데 그리워 어찌하라고
무엇이 그리 바빠 말미도 없이 가신단 말이오
기왕 가시는 곳 슬픔 없는 세상이면 좋겠소

그 길 걸림 없이 가볍게 귀천하소서
속세의 고단한 시름 잊고 편히 쉬소서

이팝 꽃잎 흩날리는 아름다운 봄날
참 좋았던 시절인연 오래오래 기억하겠소

극락왕생하소서

이팝나무 꽃 피면

이팝나무 꽃 피면 생각나는 얼굴

하얀 꽃비 맞으며 홀연히 떠난 이여
잡히지 않는 그리움만 울컥 다녀가고
못 보면 보고 싶다던 정든 말도 지나간다
즐겁던 시절 순백의 웃음 그대로인 거리
그와 함께 걷던 길 홀로 거닐고 있으면
꽃잎 물들인 슬픔이 하염없이 내린다
수많은 꽃들과 이별하고 질주하는 시간
기쁜 새날 재촉하는 싸락눈이 쏟아진다

이팝나무 꽃 피면 그리워지는 사람아

들고양이 엄마

늦은 밤거리 나서면
쉽사리 만나게 되는 그녀

사람들의 관심 밖에서
살아가는 어둠 속의 작은 집시들
자식 보살피듯 사랑 베푸는 손길
어둔 세상 밝히는 빛으로 피어난다
거리로 내몰린 오갈 데 없는 아이들
눈치 보며 밤거리 누비다가 지치면
후미진 구석 자리 쪽잠 청하는
일그러진 눈동자들 찾아
따뜻한 마음 나누는 한국형 펄벅이다
늘 넉넉히 내어주는 바다를 벗 삼으니
그녀의 가슴은 어느새 바다를 닮아 간다
남달리 빛나는 이글하고 깊은 눈망울엔
미처 하지 못한 진하고 애틋한 사연들
촉촉한 말말들이 가득 고인 듯하다

이슥한 밤거리 걸으면
우연히 만나게 되는 숨은 천사

꿈

마음 깊이 숨어 싹 틔우려는 원대한 꿈
꿈 실은 돛단배 인생의 먼 길 항해한다

꿈 먹던 어린 시절 뒤안길 너머에 두고
금자탑 쌓으려고 부지런히 뛰는 우리
꿈의 세계에 머물지 말고 털고 일어나
현실에서도 소원 성취 이뤄냈으면 한다

사람들 내면 깊이 살고 있는 꿈들 중
펼치지 못하고 날개 접은 것들도 다시
마음껏 날갯짓하는 세상이길 원해 본다

희망의 씨앗 마음 밭 깊이 심어 놓고
한발 두발 극복해 나가는 인생 여정
소망의 싹 틔우려고 인내하며 살아온 길
꿈을 실현해 가는 항해 삶의 완성이다

그리운 아우

형제의 강에
소통의 다리 놓은 아우

남은 생 함께하기로 소망했지만
병마와 사투 벌이고
사경 헤매다 닿은 요단강
드리워진 죽검의 그림자
견딜 수 없도록 고통스러웠던 이승
가는 다른 세상은 아프지 않겠지

그를 떠나보낸 텅 빈 하루하루 지나
마냥 곁에 있는 듯 적응하지 못했지
슬픔만이 남아 하염없이 내리는 이슬비

고향 냄새 묻어나는 오일장 돌아오면
누야 난 장날이 그냥 좋다 하던
그 한마디 속에 깃들어 있는 향수
건강 여의고 버티며 함께한 날들
애틋한 정 쌓은 귀한 시간이었지
꿈에라도 꼭 한번 찾아오길 소망한다

형제 사이 우애의 정 심어 놓고
머나먼 그 강 건너간 아우야

극락왕생하소서

초록 세상

산과 들은
말 한마디 건네지도 못하고
꼼짝없이 초록의 포로가 되었다
주체 못해 불꽃처럼 퍼져 나온 초록들
범람하듯 밀려들어 통째로 내주었다

산야 독차지한 한 가지 색깔
삽시간에 일어난 싱그러운 바다
푸른 아래 구불 길 닮은 뿌리들은
땀 흐르도록 일하느라 쉬지 못한다

숨 막히도록 달리는 초록 세상
젊음의 파도 이는 산허리 가르면
하루의 고단한 몸 달래 주며 풀어 주는
이글하게 타는 저 초록 불꽃 좀 보아

흔들리는 땅

지구의 심장이 걸어 놓은 시동

살아 있는 이들에게 보낸
몸으로 쓴 경고 문자다
산허리 가르는 문명 바람 잠재우고
생명 죽이는 방사능에 대한 경고
산산이 깨뜨리는 무분별한 핵실험은
아픈 상처와 얼룩진 흉터만 남긴다
오염물 스며들어 병들어 가는 몸
언제 터질지 모르는 동맥경화증
사람들의 보금자리마저
뿌리째 뽑힐 듯 위험하다
괴로움 분출하는 몸부림
거칠게 일러 주는 몸의 말이다

지표면 뚫고 흘린 진한 눈물

긴 겨울, 봄을 기다리며

추위 밀어내고
버들피리 불며 돌아올 그대
어디쯤 걸음하고 있나요

북풍 불어와 신음하는 가랑잎
백설 이불 덮고 침묵하는 설산
우울 내려앉은 무의미한 일상
코로나로 멈춰 버린 세상이다

벗어나고 싶은 수많은 하소연들
쉽사리 풀리지 않는 삶의 타래
단절되어 가는 소통의 다리
유난히 춥고 지루한 겨울이다

저기 저 너머
휘파람 불며 돌아올 그대
오시는 날 하염없이 기다릴 테요

봄은 올 것인가

꿈틀거리는 희망 움켜쥐고
봄소식 눈앞에 서성이다
올 듯 말 듯 멈칫거린다
갈등으로 몸살 앓는 광화문 거리
양대 산맥에 깃든 팽팽한 대립
휘청거리며 화합 외면한다
군중 열기 달아오른 불꽃 광장
맞대응하는 태극 바람도 분다
대선과 맞물린 혼돈의 시대
지워지지 않는 얼룩으로 남는다
우리의 봄은 언제쯤 깨어나
새로운 바람 타고 새날 향하여
기어이 와야 할 봄은 올 것인가
꽃 웃음 피어날 봄은 올 것인가

대숲이 불가에 들다

절집 담장 너머
섣달도 잊은 듯 늘 푸른 댓잎
신선한 품으로 깃드는 텃새들
숲과 어우러져 봄 동산의 일상처럼
재재거리는 소리 종일 한가롭다

일제히 차렷 공부하는 자세
주지 스님의 독경 소리에 귀 기울이고
마음 맑히는 목탁 소리 익숙하다

청정 도량 복 짓는 소리 향기롭고
사부대중의 경 읽는 소리 장엄하여
청량한 음성으로 새살거린다

오직 한길 향해
고집스럽게 뻗어 나가는 곧은 성품
마디마다 그어 놓은 세월의 흔적 농익어
매서운 바람의 휘모리장단에
미묘한 법문을 굴린다
대숲이 경전을 읽는다

삼장사에서

사단 닦으며 마음 닦는
작은 공덕 쌓고 쌓는 행
어디에도 비할 데 없는 기쁨

사시사철 마르지 않는
진리의 깊은 우물
자비의 향기 머금어
인연의 끈 이어지고
은은하게 퍼져 나간다

속세의 업장 소멸하고자
운력으로 모여든 청정도량
참회기도 올리며 예경하면
탱화 속에서 부활한
임의 법문 널리 편다

사단 닦으며 수행하는
임의 삶 서려 있는 진리의 고향
사노라면 닮고 싶은 생이다

태백산에 오르다

해마다 올라 해맞이하는 제단 있는 곳
언제부턴가 멈춰 버린 해오름길 오른다

동안 멀리한 산행 탓인가 무거운 발걸음
오를수록 자주 쉴 때면 해맑은 미소 찰칵
살아서 천년 죽어서 천년인 주목 만나면
고목 사이로 풋풋한 시절 살짝 지나간다
꼭대기 앉은 천 제단 근엄하게 접견할 제
꽃 시절 만났던 들꽃 아직 그대로 젊었다
저 멀리 겹겹 아련한 풍경은 세월만큼 깊다

자갈 비탈이 관절 꺾으며 괴롭혔지만
얼굴마다 노을빛 물들어 붉은 꽃 피었다

참깨, 결실을 보다

한 달 동안 애지중지 키운 애기모종
오십천 강가 들녘으로 시집보내는 날
강바람이 살살 간질이며 반겨준다

갓난쟁이 어린 시절 잔병치레 잦더니
센 바람에도 아랑곳 않고 잘도 자라는
달달하게 어루만지는 햇빛사랑 먹고
딴 집 애들보다 실하고 똘똘해 보인다

어느새 옅은 연분홍 꽃 피웠나
초롱초롱 앙증맞게 꼬마 등 달아 놓고
누굴 위해 그리도 많은 불 켜 놓았니
점점 익어 꼬투리마다 터질 듯 알차다

신혼집보다 더 많은 깨 쏟아지는 소리
알알이 탱글탱글 씨알 두어 말 쏟겠네
땀으로 빚어낸 귀한 금싸라기 보물이다

마당 넓은 집

긴 이력 달려 있는 집
사랑하는 가족 떠나보내고
호젓하게 홀로 사는 조선 여인

드넓은 정원
외로움 내려앉을 새 없이
빼곡히 들어선 모란 작약 동백
철철이 찾아오는 벗이 있어
외로울 여가 없는 어르신
능소화 흐드러지는 시절 돌아오면
임 그리운 듯 아련해지는 눈자위

사그라들지 않는 총기
꼿꼿하게 서 있는 위엄
고고하게 풍겨 나오는 품격

마음의 문 걸린 마당 깊은 집
사계 꽃이 좋아 꽃밭에 사노라니
꽃 닮아 곱게 피는 안방마님

겨울나무

고즈넉하고 깊은 산중

근사한 옷도 미련 없이 바람에게 내어주고
실오라기 하나 걸치지 않은 빈 몸
엄동설한에도 아랑곳하지 않고 꿋꿋하다
겨우내 한기가 뼛속까지 파고들지만
햇살에 주춤거리는 한파 틈새 비집는 가지
눈이 오면 누군가가 눈 빠지게 그리워지는지
오묘하게 빚어낸 깨끗하고 아름다운 꽃
눈부시도록 새하얗게 피운 저것 좀 보아
비가 오면 시원하게 목욕재계하고
온 누리 안녕과 평화 기원하는 키다리들

추위도 물리고
길고 긴 묵언수행 중이다

빛의 축제

대지 위에 피는 꽃들 동면 들어
북데기 빛으로 삭막한 세상
차가운 어둠 뚫고 피어난
별보다 더 반짝이는 별꽃이다

찻잎 위에 살짝 내려앉은 빛의 화원
꽃 시절 그리워하며 붐비는 사람들
온 밤 밝히며 빛의 잔치 벌어진다

새침하게 시기하다 내려다보는 별들
익어 가는 빛의 연회 부러워 깜빡인다
은가루 뿌려 놓은 듯 빛의 터널
소원 성취 빌고 비는 수많은 엽서들
빛의 은하수에 띄우는 별들의 향연

삼삼오오 이어지는 물결
추위도 무색하게 빛 고운 꽃
차갑게 언 그대의 마음에도
표정 없던 당신의 얼굴에도
환한 빛으로 다시 피어난다

. 4

뷔뷔어뷔

만리포에서

수많은 생명 품고 쉼 없이
폐활 운동하는 넓은 가슴

드넓은 백사장 모래톱 머리 묻어 있는 사연
누굴 기다리듯 서 있는 시비 눈에 들어온다
시 구구절절 녹아 있는 바다를 걱정하는 말
태안의 아픔 절대 잊으면 안 된다고
저 멀리 시퍼런 날 세우고 달려오는 파도
한가롭게 줄 긋고 평온하게 조는 수평선
거세게 나무라며 하얗게 부서져 내린다
파도의 등 살짝 치고 날아가는 갈매기 떼
연인들의 예쁜 사랑 길 열리는 해변
날이면 날마다
곱고 고운 사랑 많이 피어났으면 참 좋겠다

많은 생명들에게 아낌없이 내주고
쉬지 않고 뛰는 심장 통 큰 바다여

부부 어부

삼척항 부둣가엔
정 많은 부부 어부가 산다

가슴에 묻은 자식 생각에
촉촉해지는 눈자위
드넓은 바다와 실랑이 벌이며
잊곤 하는 슬픔
오늘도 파도 가르며
그리움 물결에 묻는다

주말 찾아 주는 손주 재롱에
귀에 걸리는 입
평상시 벗들에게 나눠 주는
인심 바다를 닮았고
풍채 좋은 만큼 넉넉한 정
철철 넘치고 넘친다

어쩌다 마주치면
놀러 오란 말 입에 달고
몸에 배어 있는
소탈한 삶에 다가서기 편하고

요즘 세상 찾아보기 드문
참다운 분들이다

정라진 부둣가엔
사람 냄새 나는 부부 어부가 산다

갈치

노점상 좌판 위 자리 잡고
납작이 고요 베고 누운 갈치들
은빛 파닥이며 금시 치고 나올 기세다

바다 향 품고 맛깔나게 변신한 몸
식탁 위 올리면 일품 살아나는 풍미
입맛 돋우는 그 맛 그저 그만이다
하지만
치솟는 몸값에 씀씀이 헤퍼질까 봐
선뜻 열지 못하고 입술 다문 지갑
살까 말까 열까 말까 속마음 실랑이
떨쳐버릴 수 없는 먹음직한 황금 레시피
밥상 위 중앙 당당하게 올릴까 보다

노상 좌판 위 물빛 좋아 은빛 반짝이는
길쭉이 침묵 베고 누운 긴치들
고향 바다 향해 파닥 뛰쳐나올 태세다

바다

하늘 향해 말 건네고 싶은 이
너와 난 얼굴빛 닮았으니
둘도 없는 벗이로다
마주 보는 것으로도 외롭지 않고
언제나 변치 말자 바라봐 주는 사이
수긍할 수밖에 없는 우린 판박이다

구름자락 붙든 우울 말끔히 걷어내고
노을 가로지르는 철새들의 향연
놓칠세라 찰칵 찍어낸 풍경 한 장
난 언제나 너를 담는 거울그릇이다

멀리 떨어져 있음에
간절하게 만나고 싶고
손길 닿을 수 없으니
궁금증 쌓이는 그리움

바다 2

일출할 때 혹여 착각하고
풍덩 떨어트릴까 봐
수평선 경계 곱게 그어 놓고
쉼 호흡 고른다

마주치는 바람 붙잡고
정든 마을 향해 달리다가
등어리 갈매기 업고 주고받는
시소게임 한나절
서핑보드 짝꿍 만나
휘감아 도는 강력한 웨이브
용꿈 품고 밤낮 용트림하다
멍 자국 시퍼렇다
그곳에 가 보면
물보라 피우며 반기다가
올 땐 눈물방울 흩뿌리는
외롭고 우울한 누구든
받아들이는 품 넓은 벗
만선 일러 주는 고동 소리
어울리게 밀 당 연주한다

일몰할 때 살짝 미끄러져
첨벙 놓칠까 봐
황금 곡선 길게 그어 놓고
하루의 쉼표 찍는다

바람 불면 바다는 말이 많다

서슬 시퍼렇게 날 세우고
하얀 거품 물고 너울대는
무슨 할 말 그리 많은지
다물지 못하는 큼직한 입은
저물도록 쉼 없이 주절거린다

참고 참아 쌓였던 말들
수다만 왁자하게 늘어 가는
와르르 쏟아져 밀려올 듯
범람하는 언어들 주체 못 하고
뭍으로 향하여 자꾸 뱉어낸다

제자리 서지 못하는 참말
혼란 속에 나도는 거짓말
마음의 걸림 점점 무거워
새파랗게 누워 잠든 수평선 깨우면
성가시게 굴다 하얗게 부서진다

서슬 시퍼렇게 용트림하는
하얀 포말의 간절한 절규는

못다 한 말들 아직 많다마는
남겨 두었다 바람 부는 날 위해
꽃바람 좋은 날 다시금 얘기하리

겨울 바다의 끄트머리

마음 앞선 성급한 봄비
살며시 지나간 어느 겨울날
속 살풀이하는 바다의 바람기
잠재우고 싶어지는 해무
수평선 지우며 보얗게 올라온다

생생하게 살아 숨 쉬는 속살거림
때론 거칠다가 부드럽게 읊조리는
태초부터 출렁이는 불멸의 춤사위
다시 찾아달라는 몸으로 쓰는 연서
넉넉한 가슴으로 심신 달래 준다

꽃비 다녀간 말끔한 뒷자락
갇혔던 해무의 감옥 풀리고
미지근한 햇살 내려와
선명하게 그어 놓는 수평선
푸르른 용트림 솟구치는 봄소식
무수한 시선들 그곳으로 모인다

비 내리는 조각 공원

오매불망 바다로 향한 고개
아픈 사랑 여인의 속앓이 닮았구려
거친 비바람 맞아도 굴하지 않는
바다바라기 보신 적 있나요

소리 없이 꽃비 내리는 벤치
하염없이 기다리는 연인의 빈자리
지쳐버린 외로움도 보슬하게 내리는
커피에 얽힌 사랑 기다리는 좌판기

가슴 태우던 마른장마 물러가고
파도가 살갑게 부르는 어느 여름날
바다가 써 놓은 시와 어우러지는
구슬픈 노래 애절하네요

바다로 떠난 님 그리워하는
전설 속 여인네들 한이 쌓여
예술로 승화한 조각들의 안식처
달려오는 넓은 가슴 넘치는 사랑
바다바라기 그대는 바다의 애인이리

봄 바다

붉은 여의주 살짝 밀어 올리는 일출
새봄맞이 금빛 비단길 여는 바다

겨우내 높이 치솟았던 거센 몸짓
고개 수그리고 까치발로 달린다
물빛 결결이 살랑 실어 온 남풍
봄 향 가득 옥빛 물감 풀어놓으며
파릇하게 설레는 새 계절 찍는
향내 흠뻑 머금은 꽃바람 붙들고
포물선 그리며 물보라 피운다
출항 알리는 뱃고동 소리 들리면
나래 펴는 갈매기 소풍 가는 날
넓은 품 사람들도 나들이 나온다
수많은 이들이 남기고 간 사연들
모두 담고 선율 그으며 이는 물결
물 깊이 묻어 놓은 그리움 키운다

분주한 하루 닻 내리며 깔아 놓은
황금빛 융단은 용궁으로 가는 꽃길

삼척해변
— 장호 갈남

빼어난 미모에 반할 만큼 마음 가는
누구든 한번 만나면 다물지 못하는 입
어디에도 없는 여기 동해의 나폴리여

훤히 들여다보이는 나지막한 물가
어깨동무하고 물장구치는 아이처럼
잔물결이 찰싹찰싹 애기바위 볼기 치는
더위가 기승부리면 틈새 없이 붐빈다

바다 위 날아가는 케이블카 분주해지면
다따가 시끌벅적 갈매기 떼 오락가락
눈요기와 별미로 입맛 사로잡는다

드넓은 가슴으로 받아들인 시원한 입김
그 품 그리워지면 바다의 노래 실어와
철썩이는 푸른 파도 꿈속에 들어온다

쪽빛 물결이 손짓하며 부르는 그곳
수많은 사람들 고단한 심신 편히 쉬어 가라
사시사철 서사시 읊조리는 금물결 이야기

그 많던 오징어는 어디로 갔나

물결 위로 어둠 내리면
줄지어 진 치는 집어등 배들
턱까지 차오르는 파도 헤치면
궁금증에 보석별들 서로 깜빡이는데
웬일인지 침체되어 침묵만 흐른다

수온 따라 바다의 질서 흔들려도
눈에 띄게 줄어든 살아남은 애들
고향 놀이터 찾아 유영하고 싶어도
자유로운 물길 막아서는 이들에게
강제로 발목 잡혀 돌아오지 못한다

누구에게나 베푸는 바다의 순리
순응 못 하고 거스르는 누구인가
길목 가로막고 욕심 채우기 바빠
오십여 년 생계 수단 삼아온 천직
무참히 무너뜨리고 가로채 가니
타는 가슴 한숨 고이는 늙은 어부

어디론가 사라진 그들 찾으러
먼바다로 떠난 오징어 배들

언제쯤 풍어 만나 만선으로 돌아와
침체된 침묵 활기차게 깨뜨리고
평화로운 바다의 풍경 그려 주려나

겨울 강가에서

무성한 시절 떠나보낸 강어귀
바람 회초리 소리만 차갑게 지나간다

추위도 아랑곳하지 않고 마냥 즐거운
청둥오리 가족 소풍 나왔나
물구나무서며 들락날락 멱 감는다
단란한 가족의 행복한 강 나들이
흐뭇한 이야기 종일 노래하는 젊은 강

모난 돌 몽돌로 빚어낸 인고의 세월
강물도 따뜻한 봄이 그립고 궁금한지
살구꽃 피는 봄 간절하게 기다린다고
물빛 속마음 훤히 드러내며 속삭인다

갈대가 구슬피 울어 대는 강어귀
매운바람만 싸늘하게 내달린다

독도 2

조국의 안녕 늘 마음에 담고
방패막이로 우뚝 서 있는 수문장
잊을 만하면 역사 왜곡 일삼는 저들
검은 야욕 내려놓을 날 언제 오려나
그만해라 타이르며 한탄하는 자맥질
기암 벽 연거푸 때리는 파도의 분노
가라앉도록 참회하며 업 짓지 말고
남의 것 호시탐탐 탐하지 말라 한다
오징어 떼 갈매기 떼 쉬어가는 수정원
굳게 중심 잡은 늠름한 기상 좀 보라
사자장군 이사부를 퍽이나 닮았구려
명장의 사랑 스민 바다의 오아시스
조국의 안녕 늘 가슴에 품고
나라 위해 톡톡히 제 몫 해내는
동해지기 수병들의 평온한 안식처
대대로 후손에게 온전하게 물려줄
영원불멸의 아름다운 우리의 터전

모과차

과일 서열에서 뒷자리로 밀리지만
은은한 맛은 처음 느끼는 신세계
한번 만나 보면 다시 찾고 싶어진다
코끝 스며오는 향내 기분 좋은 설렘
누구에게도 없는 무기 하나 지녔다
새롭게 태어나 대접받는 귀한 몸
감미롭게 감기는 입맛 사랑스러운 그리움
인연과 인연 속에 섞여 친밀감 키워간다
과일 망신시킨다고 왁자지껄 소란하지만
정갈한 맛과 향으로 승부 걸면 인기몰이
맛깔나게 푸는 인생 이야기도 달달하다

바람과 풍차 이야기

선자령 가는 비탈 언덕 너머
바람 찾아 모여 사는 거대한 바람개비
거센 바람매질 먹고 신나게 도는 인생
그의 입김 없으면 살아날 수 없는 몸
벗어나려 해도 벗어날 수 없는 질긴 인연
애증으로 얽히고설킨 희생이 낳은 희망
매 맞고 살지언정 오직 하나 사랑만으로
서로 아우른 화합만이 드디어 완성이라네
가끔
힘겨운 삶 지친 심신 한 숨 돌리려고
활개 저어 이웃 숲으로 마실 가는 날
장대한 소리 바다에 귀 기울여 보면
숨 막히게 분분한 세상 소식 들려오네
선자령 바람의 언덕 그곳엔
돌고 도는 바람개비의 끝없는 이야기
휴가도 없이 빙글빙글 풀무질하는 세월

밥솥

구수한 밥 냄새 나면 생각나는 사람
솔솔 올라오는 내음에 스며오는 사연
오래전 홀연히 떠난 벗이 몹시 그립다

밥솥 선물하며 맛있는 밥 지어 먹으라고
초면부터 알고 지낸 인연처럼 살가운 이
낯설은 이곳에서 버텨낼 수 있었던 것은
푸근하게 다가온 그녀 있음이다
예쁘고 귀한 것 잊지 않고 챙겨 주는
자매보다 더 두터운 우정 쌓아 올린 우리
잠시라도 못 보면 서러울 만큼 친해졌다

젊은 시절 함께한 소중한 시간들 어쩌라고
백옥처럼 하얀 살결 짙푸른 강물 위로 던졌니
두타산같이 쌓은 수많은 추억 끌어안고
하늘보다 더 짙은 서늘한 물결 위로 내렸니

잊지 말라는 듯 응시해 오는 혼 깃든 시선
밥 내음 솔솔 올라오는 저녁노을 무렵
세월 못 이기고 뒷방으로 밀린 낡은 솥
바라보다 그리운 얼굴 떠올리며 생각한다

5

늦가을

가을 2

알찬 결실 풍성하게 지어 놓고
반갑게 일러 주는 이 누구인가
익숙한 목청 높이 올리며
돌아온 계절 풀벌레가 맞이한다

어느새
산 단풍은 해맑은 여백 채우고
밭작물도 결실 맺기 여념 없다

물거울에 하늘 구름 통째로
담고 가는 오십천의 소박한 이야기
풍년 예감한다며 속닥거린다

들판 어루만지는 바람의 손길에
느릿하게 짙은 빛으로 익어 가면
곱게 이는 물결 넘실대는 감동
농심의 피땀이 그려낸 그림이다
자연의 질서들이 완성한 빛깔이다

밭작물 이야기

새봄 돌아와 새싹들 북돋아 주면
옆옆이 푸릇한 푸성귀 올라오고
틈새 뚫고 달래 냉이도 얼굴 내민다
제각각 자리 잡은 감자 옥수수
골골마다 희망 한 움큼씩 뿌려준다
유월 초
온실에서 바깥세상 나온 애기 참깨
새 터로 고구마식구들 이사 나올 동안
벌써 어른으로 자란 옥수수 감자는
벅차도록 흐뭇하게 첫 수확 내놓는다
점점 무르익어 가는 계절 앞에
앙증맞게 달린 사과 배 아로니아
헤아릴 수 없이 많은 자식들 낳았다
치열하게 살아온 날들 보내고
온몸으로 품어 키워낸 결실 내어준다
가을 끝자락 게으름도 피우지 않고
덤으로 내어준 선물 가을 냉이 실하다
나름 투혼 사른 그들의 삶이리
그들이 삶을 살아내듯 우리도 그러하다

매실나무

사군자 중 으뜸이라 해도 좋을
누구와 견주어도 밀리지 않는 외모

봄보다 한발 앞선 잰걸음으로
티 밥 웃음 하얗게 터트린 아래
앙증맞은 초록 구슬 살짝 숨겼다
누구나 받아들이는 순한 성품은
사람들 가까이 친하게 지낸다

어딜 가나 잘 어울리는 습성은
요리의 맛과 질감 잘 살리고
몸과 마음 편하게 다스려 주는
배앓이엔 그만인 명약이다

유월 터질 듯 탱글탱글한 초록 결실
깨물면 실눈 뜨게 하는 새콤한 맛
풋풋하게 설레는 첫사랑 맛이다

사군자 중 최고의 자태 자랑할 만큼
명품 속에 들어앉은 빼어난 미모

무화과나무

꽃 피우지 못한다고 비웃지 마라
가슴 깊이 품은 포부
어느 누구보다 크다

아무도 모르게 속 깊이 심은 씨앗
시들지 않는 속 꽃으로 피웠나니
꽃 시절은 아니지만 장대한 귀골은
원대하게 활개 펼 자유로운 영혼이다
묘한 손가락으로 흔드는 손사래
더위 사냥 그늘막 내준 시원한 쉼터

꽃피우지 못한다고 눈치 주지 마라
신이 내린 색깔대로
어긋남 없이 살으리

코로나 고개

보릿고개보다 넘기 힘든 고개인가
춥고 배고팠던 시절도 견뎌냈건만
끝끝내 아픈 고개 넘지 못하고
코로나 바람에 묻어간 임들이여

볼 수도 없는 것이 그리도 끈질긴지
사람과 사람에게 퍼트려 전파하고
잠시 머물다 가는 바람이 아니구나
흔히 돌다 사라지는 유행이 아니구나

가난보다 무서운 아픈 시련의 시간
사람들에게 달라붙어 기생하는 미물
여차하면 화살 겨누고 달려들지 몰라
백신 처방에도 허물어지는 사람들

보릿고개보다 넘기 험난한 고개
시간이 뒷걸음질하는 서러운 시절
그나마 백신은 희망의 빛이 아닌가
달라진 일상 보릿고개 생각난다

86 병동

방방마다 고장 난 뇌신경 환자들
아장아장 아기처럼 걸음마 하는 이
간신히 어눌한 말 흘리는 사람
뒤틀리고 흔들리는 입 바로 하려고
삐걱거리는 신경 줄 놓지 않는
무심하게 여긴 일상 귀하기만 하다

입가에 사라진 미소 표정은 없지만
포기할 수 없다는 굳은 의지 믿고
정상 향한 걸음걸이 멈출 수 없는
날마다 넘치는 병자들로 분주하다

사각 시트에 갇혀 일어서기도 버겁지만
실오라기 같은 희망 하나 붙잡고 버티는
세상 속에 섞이기 위해 안간힘 다하는
병실마다 소망의 빛 스며 있는 눈동자들

닭을 생각하며

사람들 가까이 사는 새

한 가지 소원만 허락되는
천지신명의 말씀 어기고
걷고 싶다고 날고 싶다고
탐욕이 부른 형벌인가
사면 날카롭게 도사리고 있는
매서운 눈초리들 우글거린다
주어진 삶에 순응하며
산란하고 부화하는 한생
끊임없이 내어놓아 베푸는
AI 여파에 휩쓸려간 빈자리
한 번 더 귀한 몸임 확인한다
제아무리 달려간다 해도
앞서지 못하는 작은 걸음걸이
날지 못하는 어설픈 날갯짓
먹이사슬 살찌우는 운명이다

사람들에게 새벽 알리는 이

동치미

오십천 강바람 먹고 자란
미끈하게 빠진 하얀 속살
인절미 분 바르듯 소금 화장 하고
땅속 질항아리 켜켜이 들어가면
속속들이 맛 들어 쨍하게 삭는다
겨우내 밥상에 올라가는 감초
군고구마 곁들이면 잘 맞는 궁합
어디에 내놓아도 잘 어울리지
사라지지 않는 고유의 맛이다
오십천 이는 물결 조근거리면
생각의 옹달샘 물 솟아 나오듯
할머니 이야기보따리 풀어 놓던 날
동치미 따라 나온 밤참 어우러지면
왁자하게 핀 이야기도 맛깔 난다

가을빛

봄빛보다 더 곱게 칠하고
끝없이 내달리는 빛의 바다에
풍덩 빠지면 헤어나지 못하지
펼쳐지는 지평선 따라가는 마음
황금 펜으로 줄 그어도 좋겠다

제아무리 곱다란 꽃일지라도
환상의 오묘한 빛 발산하는
단풍나무 숲의 화사한 속내
훔치지만 흉내 낼 수 없겠다

설레는 새색시의 봄빛 자라나
인생의 참맛으로 사루는 인고
이글하게 시로 물들인 노을빛은
완숙미 넘치는 여자의 빛깔이다

가을 편지

따뜻한 기운 사라지고 찬 기운 돌면
허전하고 쓸쓸한 마음 둘 데 없어라

바람이 엽서 한 장 떨구고 간 자락
궁금증 더해 가는 가을 소식이었지
분주하게 물감 풀고 있는 설악산은
정상에서 오색 옷 갈아입고 서서히
설레는 걸음으로 온다는 기별이다

옷깃 여미게 하는 선선한 입김
마냥 움츠러드는 기분 전환 위해
낭만의 거리로 모여드는 사람들
가을이 전해 온 오색 편지 띄우면
이는 인파도 단풍 따라 물들었다

서늘한 기운이 데려온 우울도
멀리 달아나고 마냥 즐거운 것은
계절이 내준 고마운 선물 덕이다

간절기

오가는 계절 틈새 걸려 있는 샛바람인가
선선한가 싶다가도 떡 버티고 있는 더위

대낮 물리기 전 돌아설 기미 없는 열기
해 질 녘 한풀 꺾이면 가을에게 내어주려나
실랑이 벌이는 계절 사이 태어난 작은 절기
새 옷으로 갈아입기 애매하고 마뜩잖은
헌 계절 보내고 새 계절 향해 건너가는 샛길
있는지 없는지 느낄 수 없어 무시하는 사람들
그들 관심 밖에 서럽게 잠시 왔다 가는 한생

오가는 계절 사이 심란하게 끼어들어
뒤숭숭 쓸쓸한 마음 흔드는 그대여

새벽녘에

동트기 전 옥탑에서
떠날 채비 서두는 샛별 마중하며
경쾌하게 골반 흔드는 훌라후프
뻣뻣하고 단순한 직선보다는
유연하고 자유로운 둥글 곡선이 좋다
날마다 눈인사하던 정겨운 솔 동산
문명 바람 불어와 건물 장벽이 생겼다
마음 둘 데 없이 허전한 마음
동트며 샛별도 떠나고
훌라후프에 맡긴 빈 가슴 달래려고
채워 가는 동그라미 원형 속에
멋진 솔 동산 하나 그려 넣었다

늦가을

가을걷이 끝난 산촌마을의 고요
생선 차 외침이 깨트린다

풍성한 결실의 기쁨 속에 숨겨진 수많은 이별
한때 빛 발하던 흔적들 말리는 서늘한 입김
나뭇가지 붙든 손 놓으면 고운 잎은 어디로 가나
이미 약속된 헤어짐인 듯 담담 의연하게 받아들여
정처 없이 여행하다 속세의 굴레 벗고자 해탈한다

한눈팔 여가 없이 달려온 깊숙한 계절의 막바지
멋진 풍경 풍요까지 모두 내어준 아무도 없는 빈터
솟아나는 외로움 바람 속에 묻고 버텨내려 할 즈음
억센 누군가 뚝 언저리 앙상한 나무 자꾸 울린다
건너편
요즘 사람들의 관심 밖에 혼자 서 있는 침감나무
붉은 미소로 따뜻하게 다가오는 벗 그대는 꽃이다

철둑 너머 저무는 산촌 마을의 적막
기적소리가 뚫는다

트로트

구구절절 가슴 후비는 한풀이
온갖 사연들 찾아드는 집
속속들이 맺혀 있는 응어리 풀어내
뼛속까지 파고들어 빼앗기는 마음

인생 여정 녹아 있는 타령조
누구나 쉬이 다가설 수 있어 가깝고
힘겹고 고단해도 그 옆에 있으면
간데없이 사라지는 하루의 피로

서로 티격태격 다툼 벌이다
한 발도 물러서지 않는 틈 사이
기세 높이 끼어 있는 노여움까지도
한 곡조 곁들이면 살며시 덮는다

경쾌하고 매혹적인 리듬에
금시로 우울증도 달아나고 마는
마음 깊이 숨어 있던 상처까지도
꺾어 넘기는 묘미로 달래 준다

세월에게

멈추지 않는 세월
붙들어 앉히고 싶지만
거스를 수 없음이 야속하다

사랑하는 가족 부모 형제
떠나보내야 하는
이슬 맺히는 슬픈 이별
어찌 감당하라고

지인 존경하는 선생님들
하나둘 데려가면
볼 수 없는 그리움의 늪
어찌 벗어나라고

누구나 세월 따라
주어진 시간에 다다르면
어김없이 가는 길이지만
더딘 걸음으로 쉬엄쉬엄
천천히

시 2

혼 깃든 심지 돋우고
세상 밖으로 나오기 위해
어스름 내릴 녘 시작된 산고
하얗게 지새운 신 새벽 박차고
찬란한 빛 해맞이 출산이다

창틈 파고드는 샛바람 슬피 울면
오열하는 바람 나무 스치며 찾아든
시마(詩魔) 붙들어 앉히고 어르고 달랜다

서로 뒤틀어져 흔들리는 언어들
거친 시알들 숨 고르며 제자리 앉으면
빈 가슴 위로하는 벗으로 탄생한다
스스로 별빛 발하기 위해
헤아릴 수 없이 허물 벗고 벗은
혼신 기울여 지어낸 가락이다

● 해설

삶의 편린 그리고 관조의 시간

유 지 연
(가톨릭관동대학교 베룸대학 조교수)

1.

조성돈 시인이 8년 만에 다시 시를 썼다. 시 작품을 받으면서 기대감으로 충만했다. 그리고 2008년 대학을 졸업할 무렵 시인이 되었던 그녀의 시는 시인의 조용한 외모와 달리 예전보다 더 단단해졌고 무르익었으며 세상과 자연을 바라보는 태도도 한층 너그러워졌음이 느껴졌다. 사실 워낙 긍정적인 마음의 소유자이면서 언제나 마음에 유년의 기억과 어머니에 대한 사랑이 내재되어서인지 이미 1집에서도 그녀의 시는 진정성 있는, 작지만 아름다운 울림의 조각이었다. 그런데 이번 2집의 시는 그런 부분에서 한 걸음 더 나아가 자연과 세상을 대하는 관조적 자세까지 엿볼 수가 있다.

순수 서정의 향기를 발하는 그녀의 시적 행보는 '그리워하고 비우고 초월하는' 통로를 거쳐 마음의 평정에 이르기를 갈망한다는 것 또한 시를 통해 느낄 수 있다. 그

동안의 시간 동안 삶의 일상에서 언어에 대한 식별력을 키우고 탐색해 생명을 부여한 생산물이라 더욱 귀하고 값지다. 삶의 의미를 부여하고 기쁨을 얻고 슬픔을 감내하면서 오롯이 열중하며 얻어낸 집산물은 편안한 언어들로 응축되어 현학적인 표현과는 거리감을 두고 있기에 거부감이 없다. 정직하고 올곧고 순수한 마음을 가진 시인의 품격이 시 속에 집을 짓고 있기에 시인의 작품을 읽는 독자의 마음까지도 따뜻하게 만들어 주는 힘까지 발견할 수 있는 것이다.

2.
 회감은 기억이나 상기, 회상과 동의어이다. 조성돈 시인의 시 곳곳에서는 이러한 회감의 정서가 자리한다. 삶 속에 깊이 내재되어 있는 어머니와 고향은 여전히 명맥하고 그녀를 매혹하게 한다. 그만큼 어머니와 유년의 기억과 고향은 오랜 시간 동안 시를 쓰게 만드는 시의 원천이 된다는 것을 알 수 있다.

   오늘이 오면 떠오르는 당신의 얼굴
   생각만으로도 울컥 목메 온다
   가만히 불러 보는 그 이름
   어머니

   피해 갈 수 없는 오뉴월
   살을 에일 듯한 모진 산고 끝에
   파란만장한 세상으로 나온

오늘따라 구수한 정 담뿍 담아
끓여 주시던 당신의 미역국이 생각나
그리움으로 밥 말아 먹습니다

축하받는 기쁨 속에 겹쳐 그려지는
오늘이 오면 꿈에라도 보고픈 당신
불러 보는 것만으로도 눈시울 젖어 드는
가시고 아니 계신 나의 어머니
언제까지나 사랑합니다

―「생일날에」 전문

유년 시절 잊지 못하는
연어들의 놀이터

그들도 고향 찾아 다시 돌아오건만
한 번 흘러가면 그만인 저 물길이여
좋은 싫은 세상 이야기 등에 업고 유유히
죽서루 옆에 끼고 한가로이
바람 붓으로 결 무늬 그리는
다시 돌아올 수 없음에 퍽도 그리워지겠네
맞잡은 손 길고 긴 끈 굽이굽이 오십 굽이
수많은 인연과 인연 맞이하고 보내는
반가움에 섭섭함에 놓을 수 없는 손과 손
점점 탁해져 가는 세상 정화하고 맑게 비추면
하늘 구름도 푸른 산 이웃하고 놀러 나오겠네
또다시 찾아오는 새로운 만남과 이별 품고

끝없는 생의 여정 거스름 없이 흘러가겠네
어미 품 같은 그대 곁 지키며
사는 사람들의 인생도 그러하네

그리움 깊이 잠겨 있는
연어들의 고향

—「오십천」전문

 위의 두 편의 시는 아마도 시인의 마음속 심연과도 같은 정서일 것이다. 생일날이 되면 어김없이 떠오르는 어머니의 체온과 기억은 지금도 미역국의 온도만큼 따뜻하기만 하다. 그리 오랜 시간이 흘러서 무던해질 법도 한데 그럼에도 불구하고 어머니의 부재는 꿈속에서라도 보고 싶은 절실함으로 다가온다. 생각하면 슬프고 애잔하지만 그런 만큼 그녀에게는 살아가는 데 여전히 큰 힘이 된다는 깊은 묵직함도 느낄 수 있다.

 그런가 하면 그녀는 고향에 대한 그리움을 회귀본능을 가진 연어를 통해 그려내고 있는데 "유년 시절 잊지 못하는/ 연어들의 놀이터"를 시작으로 그 놀이터를 떠나 수많은 인연과 마주하고 반가움, 섭섭함 등 여러 감정을 느끼면서 생의 여정을 따라 흘러가지만 "그리움 깊이 잠겨 있는/ 연어들의 고향"으로 다시 돌아가는 것을 볼 수 있다. 삶의 여정에 순응하지만 결국 고향에 대해 그리워하는 속내는 감출 길이 없다. 어머니, 고향, 그리고 그 속에서 함께했던 사랑하는 사람들이 시인에게는 회감인 동시에 '시라는 집'을 지을 수 있도록 해주는 따뜻한 영감이라고 할 수 있겠다.

  그런 그녀가 얼마 전 사랑하는 동생을 잃었다. 그 슬픔을 감히 짐작조차 할 수 있을까. 뭐라 형언할 수 없을 아픈 기억을 시간이 지나면서 마음을 추스르고 그 마음을 의연히 언어로 직조했다. 시인이기에 가능한 누나가 떠나보낸 귀한 동생에게 바치는 레퀴엠, 애달픈 노래다.

    고향 냄새 묻어나는 오일장 돌아오면
    누야 난 장날이 그냥 좋다 하던
    그 한마디 속에 깃들어 있는 향수
    건강 여의고 버티며 함께한 날들
    애틋한 정 쌓은 귀한 시간이었지
    꿈에라도 꼭 한번 찾아오길 소망한다

    형제 사이 우애의 정 심어 놓고
    머나먼 그 강 건너간 아우야

    극락왕생하소서

                    —「그리운 아우」 중에서

3.

  시인의 시가 팔할이 어머니를 비롯한 사랑하는 사람들이 있는 고향과 유년의 기억이라고 해도 과언이 아니

겠지만 단지 그것에만 머물러 있는 것은 아니라는 것은 다음의 시편들에서 볼 수 있다.

  샛노란 웃음 쏟아 내는 꽃 달맞이
  수줍은 벗 하나 간절하게 기다리는
  보기 어렵다는 귀한 얼굴 하나
  더러는 우연히 만나기도 한다

  중천 비스듬히 걸려 있는 은쟁반인가
  잘 익은 수박 곱게 저며 한가득
  시원하고 소복하게 담아냈으면 좋겠다

  고운 얼굴 담겨 있던 동그란 손거울인가
  달덩이 닮은 울 언니 탐스럽게 비추던
  가슴 울컥하게 시린 그리움이다

  황혼 녘 단풍 들어 어여쁜 맵시 어디 가고
  윤기 돌던 얼굴마저 퇴색되어 낡아가니
  너도 따라 하얗게 빛바랬나 보다

  샛노랗게 질투하며 웃음 쏟아 내면
  꽃 달맞이 머리 위로 쏘옥 나와
  겸연쩍게 살며시 내려다보는 얼굴
  꽃 향 만끽하며 서로 마중한다

          ―「낮달 맞이」 전문

어여쁜 시이다. 시인의 필살기라고 해도 과언이 아닌 그녀만의 소박하면서도 수채화를 닮은 시어로 노란 달맞이꽃을 그려내고 있다. 중략했지만 자칫 지나치기 쉬울 달맞이꽃을 통해 달덩이를 닮은 언니를 떠올리며 그리워하는 마음이 절절히 전해지기도 한다. 이외에도 시인의 시 속에는 치자 꽃, 들국화, 자스민 등 화려하진 않지만 말만 들어도 향기가 그윽한 꽃들로 가득한데 멋을 내지 않았지만 지극히 평범한 언어들로 엮어낸 시인의 꽃들은 이미 만리향이 되어버린다.

그렇다고 해서 아름답고 예쁜 꽃과 자연만 시 속에 그릴 것이라는 것은 섣부른 판단이다. 이미 우리는 코로나라는 지금까지 경험해 보지 못한 시간들을 겪었고 지나오면서 그것을 계기로 어느 때보다도 지구환경과 더 나아가서 생명 존중에 대해 심각하게 생각해야 할 때라는 것을 모두가 공감하게 되었다. 시인도 점점 황폐해지고 병들어가고 있는 지구와 환경과 우리가 살고 있는 터전에 대한 염려도 놓치지 않음을 알 수 있다.

    수온 따라 바다의 질서 흔들려도
    눈에 띄게 줄어든 살아남은 애들
    고향 놀이터 찾아 유영하고 싶어도
    자유로운 물길 막아서는 이들에게
    강제로 발목 잡혀 돌아오지 못한다

    누구에게나 베푸는 바다의 순리
    순응 못 하고 거스르는 누구인가
    길목 가로막고 욕심 채우기 바빠

오십여 년 생계 수단 삼아온 천직
무참히 무너뜨리고 가로채 가니
타는 가슴 한숨 고이는 늙은 어부

―「그 많던 오징어는 어디로 갔나」중에서

위의 시 중 "수온 따라 바다의 질서가 흔들려/ 눈에 띄게 줄어든 살아남은 애들"에서 지구 온난화로 인해 더 이상 온전히 살아남기가 어려워 바다의 개체수가 줄고 있다는 것과 이로 인해 "오십여 년 생계 수단 삼아온 천직/ 무참히 무너뜨리고 가로채 가니/ 타는 가슴 한숨 고이는 늙은 어부"처럼 우리의 삶의 터전도 위협받고 있음을 이야기하고 있다.

지구의 심장이 걸어 놓은 시동

살아 있는 이들에게 보낸
몸으로 쓴 경고 문자다
산허리 가르는 문명 바람 잠재우고
생명 죽이는 방사능에 대한 경고
산산이 깨뜨리는 무분별한 핵실험은
아픈 상처와 얼룩진 흉터만 남긴다
오염물 스며들어 병들어 가는 몸
언제 터질지 모르는 동맥경화증
사람들의 보금자리마저
뿌리째 뽑힐 듯 위험하다
괴로움 분출하는 몸부림

거칠게 일러 주는 몸의 말이다

지표면 뚫고 흘린 진한 눈물

―「흔들리는 땅」 전문

  현재 우리의 관심을 모으고 있는 것은 정보통신의 발달, 사이버 세계의 확장, 유전 공학의 발달이라고 해도 과언은 아니다. 이러한 인간 문명 발달은 인간에게 더할 나위 없이 편리한 물질적 편의를 제공한 것은 사실이지만 반대로 생태계의 파괴뿐만 아니라 자연과 인간의 총체성의 상실을 가져오기에 이르렀다. 유토피아와는 반대인 디스토피아의 시대를 면치 못하게 된 것이다. 여기에서 파급되는 여러 가지 문제들은 우리의 삶을 심각한 국면으로 몰아가고 있다. 그래서 많은 사람이 이러한 문제에 대해 절감하고 이제라도 더 이상의 문제는 없도록 온 힘을 보태고 있는 실정이다. 조용하고 고운 언어가 날줄과 씨줄이었던 시인의 시와는 다른 강하게 목소리를 내는 것이 이례적이다. 그러고 보면 그녀 또한 이 같은 문제들을 그냥 보아 넘길 수는 없었던 모양이다. 어쩌면 우리에게 직접적이면서도 시급한 문제들이 생명력 없이 시대의 흐름으로 지나치는 것이 아닐까 하는 염려와도 연관이 있을 것이라고 생각한다.

4.

 누구에게나 시간은 머물지 않고 흐른다. 멈춰서 고이는 것이 없으니 지나간 것은 때로는 그리움으로 때로는 슬픔으로 때로는 기쁨이 되어 마음 깊숙이 회한으로 남는다. 젊은 날은 그때그때가 치열함 그 자체가 되었겠지만 나이가 들고 경험이 쌓이게 되면 그때의 시간은 무르익음으로 다가오지 않을까. 조성돈 시인도 마찬가지다. 고향과 어머니에 대한 그리움도 사랑하는 이를 잃은 상실의 고통도 살면서 겪어내는 많은 일들도 이제는 맑은 언어의 조각들이 되어 시인의 견고한 시로 그려지고 있다는 것을 느끼게 된다.

> 희망의 씨앗 마음 밭 깊이 심어 놓고
> 한발 두발 극복해 나가는 인생 여정
> 소망의 싹 틔우려고 인내하며 살아온 길
> 꿈을 실현해 가는 항해 삶의 완성이다
>
> ―「꿈」중에서

> 나무와 나무가 이마 맞댄 숲길은
> 고단한 속세의 일상 잠시 잊고
> 아름드리 신록에 쉬어가라네
> 낮달도 내려오는 시원한 계곡은
> 그리움 깃든 촉촉한 이야기
> 두런두런 구수하게 나누자네
> 낭랑한 목소리로 숲속 깨우는
> 삐우삐우 해맑은 작은 산새는

복잡하고 괴로운 업 떨궈 내고
초록 청량한 노래 부르자네
목덜미 살짝 감아 돌아 횡하니
스쳐 가는 한 줄기 바람 소리는
삶에 지친 심신 숲에 맡기고
신선한 산림욕 흠씬 마셔 보라네

—「소리길」 전문

 삶에 대한 관조적 자세로 자연과 합일을 이루는 속에서 시인의 긍정적 자세의 아름다움과 편안함이 절로 느껴진다. "소망의 싹 틔우려고 인내하며 살아온 길/ 꿈을 실현해 가는 항해 삶의 완성이다"에서처럼 인내하며 살아온 시간들은 힘들고 괴로웠던 것이 아닌 꿈을 실현해 가는 여정이라고 표현한 것이나 "낮달도 내려오는 시원한 계곡은/ 그리움 깃든 촉촉한 이야기/ 두런두런 구수하게 나누자네"에서는 자연과 하나가 되어 그리움 깃든 이야기를 함께 나눌 수 있는 자연과의 합일을 그려내고 있다. 이런 것이 바로 시인의 낙관적으로 삶을 대하는 태도에서 나오는 것은 아닐까 생각하게 되고 그와 같은 마음이 말없이 흐르는 강물처럼 여여하다.

 사람은 살아가면서 누구나 한 가지씩은 꿈이 있게 마련이다. 하지만 바쁘다는 핑계로 시간이 없다는 변명으로 그 꿈을 무산시키며 살아간다. 하지만 조성돈 시인은 다르다. 시를 쓰고 싶었고 시인이 되고 싶었고 결국 시인이 되었다. 그리고 지금 어느새 두 권의 시집을 낸 시인이다.

 한 편의 시를 쓴다는 것은 어쩌면 아름다운 고통일 수도 있다. 시간과 생각과 마음을 온통 다 저당 잡혀야 가능한 일일 테니까 말이다. 그런데 조성돈 시인은 참으로 부지런하게 한 편씩 견고한 그녀만의 언어의 집을 지어 이번에도 다시 세상 밖으로 조심히 끄집어내게 되었다. 늘 시를 읽으며 감탄하고 감동받고 경외심마저 느낀다.

 남에게 보여주기 위해 현학적으로 정형적으로 쓰는 시가 아닌 고운 옷을 짓듯 변함없이 아름답고 편안한 시를 지어내는 것은 그녀만의 선함과 정직함이 있기에 가능할 것이라고 생각한다. 사랑하는 가족과 여유로운 시간과 향기로운 시가 함께 있으니 그 무엇도 부럽지 않을 시인의 마음이 그려진다. 앞으로도 별처럼 투명한 정서의 조각들을 느릿한 걸음으로 오랜 시간 시인만의 아름다운 언어로 직조해 줄 것을 믿는다.

 마지막으로 조성돈 시인의 시를 대하는 거짓 없는 마음과 자세를 온전히 들여다볼 수 있는 시를 끝으로 이 글을 갈음하고자 한다.

　　혼 깃든 심지 돋우고
　　세상 밖으로 나오기 위해
　　어스름 내릴 녘 시작된 산고
　　하얗게 지새운 신 새벽 박차고
　　찬란한 빛 해맞이 출산이다

　　창틈 파고드는 샛바람 슬피 울면

오열하는 바람 나무 스치며 찾아든
시마(詩魔) 붙들어 앉히고 어르고 달랜다

서로 뒤틀어져 흔들리는 언어들
거친 시알들 숨 고르며 제자리 앉으면
빈 가슴 위로하는 벗으로 탄생한다
스스로 별빛 발하기 위해
헤아릴 수 없이 허물 벗고 벗은
혼신 기울여 지어낸 가락이다

—「시 2」 전문

문학세계대표작가선 1032

모란을 기다리며

조성돈 시집

인쇄 1판 1쇄 2024년 11월 22일
발행 1판 1쇄 2024년 11월 29일

지 은 이 : 조성돈
펴 낸 이 : 김천우
펴 낸 곳 : **문학세계** 출판부 / 도서출판 **천우**
등　　록 : 1992. 2. 15. 제1-1307호
주　　소 : 서울시 광진구 구의강변로 85 강우빌딩 7F
전　　화 : 02)2298-7661
팩　　스 : 02)2298-7665
http://cafe.naver.com/chunwu777
E-mail : cw7661@naver.com

ⓒ 조성돈, 2024.

값 15,000원

＊도서출판 천우와 저자의 서면 동의 없는 무단 전재 및 복제를 금합니다.
＊저자와의 협의에 따라 인지는 생략합니다.
＊이 도서는 한국예술인복지재단 예술활동준비금 지원을 받아 발간되었습니다.

ISBN 978-89-7954-943-0